MON QUARTIER

*Mémoires d'un fils d'immigré espagnol,
carrier dans les Hautes-Pyrénées*

© 2022, José Andujar

Avec la collaboration de
Murielle Neveux – Mémoire et portrait
memoireetportrait.com

Édition : BoD – Books on Demand,
12/14 rond-point des Champs-Élysées, 75008 Paris

Impression : BoD – Books on Demand,
Norderstedt, Allemagne

ISBN : 9782322198535

Dépôt légal : Mars 2022

José Andujar

MON QUARTIER

Mémoires d'un fils d'immigré espagnol, carrier dans les Hautes-Pyrénées

J'ai eu l'idée de ce livre il y a déjà plusieurs dizaines d'années. J'ai d'abord noirci quelques pages, que j'ai longtemps mises en suspens, puis un jour je me suis décidé à les reprendre pour en faire un ouvrage destiné à mon entourage. Des proches m'ayant convaincu qu'il pourrait intéresser un public plus large, j'ai remanié la version d'origine, quelque peu intime, pour vous proposer le texte que voici.

Ce livre n'est pas à proprement parler mon autobiographie ni l'histoire de ma famille, bien que j'y dévoile mon parcours et celui de mes parents. Je l'ai davantage conçu comme un hommage aux anciens carriers de l'Ophite et à leurs familles installées dans le « quartier nègre ». J'ai inclus quelques poèmes, dont l'écriture vient aujourd'hui meubler ma vie, ainsi que des anecdotes sur Lourdes, ma ville, et ses environs. J'espère que l'ensemble saura vous intéresser.

Je regrette que mon ex-femme ne soit plus de ce monde pour lire cet opus. C'est elle qui m'avait mis sur les rails et donné envie de découvrir la lecture et l'écriture. Je lui dois beaucoup et je sais qu'elle aurait aimé mon livre.

En vous souhaitant une bonne lecture.

I
Les immigrés ayant souffert au labeur, et leurs enfants

L'arrivée des Espagnols

Il y a maintes années déjà, j'ai dit à mes amis d'enfance, fils d'immigrés et de réfugiés comme moi, que je reviendrais sur les conditions de vie difficiles de nos parents et les nôtres. Je veux mettre en lumière les immigrés espagnols, portugais et italiens qui se sont usés sur le chantier des carrières de l'Ophite, à Lourdes. C'est là que mon père, venu de l'Estrémadure, a travaillé quarante années durant, et c'est dans une cité toute proche que je suis né, en 1935.

Les premiers immigrés ont débarqué dans les Hautes-Pyrénées dans les années 1920 et 1930. Venus pour travailler, ils ont intégré le chantier, l'exploitation de carrières de pierres à Lourdes. Entre 1938 et 1940, se sont joints à eux les réfugiés républicains espagnols opposés à Franco dans la guerre d'Espagne. En quelques semaines à peine, le général Franco a renversé la République espagnole, et la guerre civile a entraîné le départ, en plusieurs vagues, d'un demi-million de personnes, femmes, hommes et enfants, qui ont franchi les Pyrénées par la brèche de Roland. Certains ont fait le trajet l'hiver, dans des conditions dramatiques. Des femmes et des enfants y ont laissé leur vie. Parvenus en France, des hommes ont quitté leurs proches dispersés un peu partout dans des camps pour s'engager dans la guérilla antifranquiste, au sein d'unités combattantes. Ils ont affronté leurs compatriotes nationalistes, dont certains se sont portés volontaires pour aller prêter main-forte à Hitler. On les appelait les « *camisas azules* » (chemises bleues) : Franco a envoyé ces soldats à Hitler pour le remercier de l'avoir aidé à renverser la République espagnole en détachant des forces aériennes. Les républicains espagnols se sont engagés dans la résistance française et ont été dirigés vers le maquis d'Arreau et Saint-Lary dans les Hautes-Pyrénées. Avant de rejoindre le maquis ils ont été, avec leurs femmes et enfants, entassés dans des dépôts où ils dormaient sur des lits de camp à touche-touche.

Je veux rendre hommage à trois de ces hommes, qui, après s'être engagés au sein du maquis français, ont intégré le chantier des carrières. Je cite : José Ferma, Jesus Botella et Pedro Arnal. Botella a laissé sa vie au chantier de la grande carrière de l'Ophite, Arnal de même à la petite carrière, et Ferma fut mutilé à vie à la jambe. J'ai vu la douleur de leurs enfants, j'ai ressenti leurs souffrances.

Je veux parler aussi d'un certain Joselito, fils de la Concha, qui a perdu ses parents pendant la guerre. Son père est parti avec quelques immigrés installés en France pour combattre Franco. Il n'est jamais revenu. Puis, un soir, en sortant de son travail, comme tous les jours, sa mère a couru pour rejoindre ses enfants restés seuls à la maison. Elle n'a pas répondu à la sommation des Allemands, et s'est fait tuer sur-le-champ. Les enfants, dont mon ami Joselito, un enfant de mon âge, et sa jeune sœur, ont été placés je ne sais où. J'ai repensé toute ma vie à ce garçon, et son souvenir ne me quitte pas.

Quelques mots sur les Français du nord, pendant la Seconde Guerre mondiale. Quand, en mai et juin 1940, au cours de la bataille de France, l'armée allemande a envahi la majeure partie du territoire national, la population française a fui en masse. Huit millions de personnes, soit près du cinquième de la population à l'époque, se sont exilées, fuyant vers le sud et le sud-ouest sans toujours savoir précisément où aller. J'avais cinq ans alors, mais malgré mon jeune âge, je me souviens parfaitement de deux familles du nord qui sont arrivées dans notre quartier des carrières de l'Ophite. Les hommes ont rejoint le chantier de nos pères.

Dans les carrières

Quand les immigrés arrivaient sur le chantier, ils avaient un contrat d'embauche. Ils travaillaient cinquante-quatre heures par semaine : de huit heures à midi puis de quatorze à dix-neuf heures, six jours sur sept. Munis d'un marteau-piqueur ou d'une masse, ils cassaient sans répit les pierres trop grosses pour rentrer dans le concasseur.

Ils ont travaillé des années ainsi, sous un soleil de plomb l'été, à 40°C, dans un froid glacial l'hiver, à -10°C. Le soir, ils regagnaient le bercail éreintés, cela a duré des années. Chaque jour, je voyais ma mère frictionner le dos de mon père. Il en était sans doute ainsi dans toutes les familles. Les hommes ne pouvaient même pas se doucher, étant donné que nous n'avions pas d'eau, il n'y avait qu'un seul robinet pour nous tous, à cent-cinquante mètres de la Cité.

Sur le chantier, le chef veillait à ce que les manœuvres travaillent en continu, sans faire de pause. Pour les besoins de la guerre, on leur imposait des cadences et des rendements encore plus élevés qu'en temps normal.

Les ouvriers étaient rémunérés à la tâche, c'est-à-dire au rendement. Hélas ! Ils gagnaient des miettes ! Le dimanche, pour compléter leur revenu de misère, les pères de famille allaient travailler à l'entreprise Malaval, bien connue en ce temps-là.

Quand Léon Blum est arrivé au pouvoir, en 1946, le pays est passé à quarante heures. Mais en conséquence, les employeurs ont réduit les salaires ! À l'Ophite, le patron a donné aux carriers un lopin de terre à cent mètres du chantier, mais cela ne suffisait pas à compenser la réduction du salaire. En plus, les ouvriers faisaient souvent des heures supplémentaires, reprenant ainsi le rythme d'avant, et ces heures supplémentaires n'étaient pas payées. Quelle mascarade ! Ayons une pensée pour les nombreux morts et mutilés au chantier des carrières, au cours des quarante années d'exploitation.

Il y avait deux carrières, la petite carrière de l'Ophite, qui appartenait à un certain M. Blavet, et la grande carrière où œuvrait mon père. Celle-ci fut exploitée dans un premier temps par Lucien Pourxet, puis par MM. Cazeaux et Labardens. M. Pourxet a été conseiller municipal. Le 25 janvier 1937, il s'est fait assassiner par M. Jacomy, contremaître aux dites carrières. Lucien Pourxet se trouvait à l'hôtel de Biarritz à Lourdes, où il discutait avec le propriétaire, M. Daurat, quand soudain Pierre Jacomy est apparu, et lui a tiré un coup de révolver dans le dos. M. Daurat a dégainé à son tour, et a tiré cinq balles de révolver mais il n'a pu atteindre l'assassin. Jacomy a déclaré au juge d'instruction qu'il avait voulu se venger d'avoir été licencié avec quelques-uns de ses camarades. Il fut condamné à quinze ans de travaux forcés par la cour d'assises des Hautes-Pyrénées.

Une triste anecdote… J'ai toujours en tête le nom de M. Lambert. C'est l'un des deux hommes venus du nord pendant la guerre. Je l'ai vu, de mes propres yeux, retirer d'un coup de pioche un gros ver de terre d'une quinzaine de centimètres de long. Il l'a nettoyé succinctement puis il n'en a fait qu'une bouchée. C'est ce qu'on peut appeler la misère. Les hommes du nord travaillaient dans le froid glacial tout l'hiver sans problème ; en revanche, ils avaient bien du mal à résister aux terribles chaleurs d'été, aggravées par les réverbérations du soleil sur les parois des carrières. Ils sont retournés dans leur pays à la fin de l'année 1945.

J'ajoute que nombreuses étaient les épouses des carriers qui travaillaient dans l'hôtellerie, en général de 8 à 15 heures et de 17 à 21 heures, suivant les besoins. Elles ont travaillé plusieurs décennies, les employeurs n'ont pas jugé bon de les déclarer, alors elles n'ont pas eu de retraite.

Le « *quartier nègre* »

Tous les immigrés sans exception ont été logés par la direction à cent mètres de leur lieu de travail. Ils ont d'abord été installés dans des baraquements en bois non isolés puis, peu de temps après, on les a relogés dans des constructions en dur. Il s'agissait de logements très précaires, pas plus isolés que les bicoques de bois, sans eau ni électricité, et sans chauffage. Pour cuisiner, ils disposaient d'une simple cuisinière à bois et à charbon, qui était aussi la seule source de chaleur de l'appartement. Des seaux faisaient office de toilettes.

Ces travailleurs ont été mal reçus par les locaux, qui ne leur ont témoigné aucune compassion. Au contraire, nombreux ont été ceux qui les ont montrés du doigt. Ils ne leur rendaient jamais visite. Je présume qu'ils ressentaient une certaine appréhension, qu'ils avaient peur de ces nouveaux venus au comportement différent, aux tenues vestimentaires étranges. Ils les ont baptisés les « chicous », les « carrayos », les « ritals ». Évidemment, il fallait aussi donner un nom à cette nouvelle cité, l'apothéose ! Ils l'ont baptisée « le quartier nègre » ! Pourquoi une telle attitude à notre égard ?

Pourquoi cette absence totale d'empathie ? Nous étions pour eux de la gitanerie, en quelque sorte. C'est cela qui me pousse à m'exprimer. Je veux que la mémoire des carriers subsiste. Tous ces hommes, toutes ces femmes se sont intégrés. Ils ne demandaient rien si ce n'est un peu de respect. Ce quartier, ils en ont fait leur havre de paix, ils ont appris à l'aimer malgré leur souffrance de tous les jours.

Tout ce beau monde de nationalités diverses était très croyant. Les femmes ! Le quartier était dans leur esprit comme le Pic du Jer avec sa croix[1]. C'était un peu leur jardin fleuri d'Eden. Pour les hommes, la croix du Pic du Jer n'était pas une simple croix. Ils avaient l'impression qu'elle veillait sur leur pénible zone de travail.

Il était absolument nécessaire à ces gens de ressentir la noblesse des vertus humaines, de se connaître, de se montrer tolérants les uns avec les autres, de s'entraider et de répandre le bien autour d'eux. Ils prenaient aussi plaisir à découvrir les cultures différentes de la leur.

Et que dire de l'éducation que nous avons reçue de nos parents ? Oh ! Combien nos parents étaient grands !

Je veux mettre en lumière notre quartier des carrières. Oui, je suis toujours dans un état épidermique quand je repense à cette époque. Tout le monde vivait sous le seuil de pauvreté, sans culture. Les parents ne connaissaient pas un seul mot de français, ils ne pouvaient s'exprimer dans la langue du pays. Qu'ils étaient heureux d'entendre leurs enfants parler français !

---

1 Le Pic du Jer culmine à 961 mètres au-dessus de Lourdes. Une croix de métal fut installée au sommet en 1900.

Non, nous n'étions pas riches, nous étions de simples gens du quartier des carrières de l'Ophite… Mais nous étions valeureux, et nos âmes étaient belles ! Les valeurs humaines comptaient à nos yeux, j'entends par là, la bienveillance, l'entraide entre les êtres humains, le respect envers autrui, la gratitude. C'est grâce à ces valeurs que le vivre ensemble et une bonne relation aux autres deviennent possibles. Plus j'avance en âge, plus je repense à l'empathie de toutes ces belles familles vivant dans notre quartier. C'était une époque où l'on se serrait les coudes, dans une chaîne de bienfaits réciproques.

Nous nous plaisions dans cet endroit moche pour les autres, nous y avions pris racine et nous étions heureux d'autant que nous n'avions aucun sens du beau. C'était, et c'est encore dans notre souvenir et dans notre cœur, un quartier chaleureux. Tous contribuaient à sa chaleur, parce qu'ils étaient bons, parce qu'ils s'aimaient et se congratulaient comme s'ils avaient appartenu à la même fratrie. La douleur du déracinement les unissait ; leur pays n'a jamais quitté leur cœur.

La médisance sur notre quartier ne nous affectait pas.

Notre quartier n'était pas sombre à nos yeux. Je n'ai jamais compris d'où il tenait sa réputation, nous qui étions et sommes restés des gens honnêtes, et braves, et corrects, nous qui étions des travailleurs exploités. Malgré notre peu de moyens, nous nous contentions de ce que nous avions, et que nous étions heureux les rares fois où, en fin de mois, nous avions économisé dix ou vingt sous !

Voilà ce qu'était notre quartier des carrières.

À un moment, certains parents ont été attirés par l'héliotropisme, mais pas les enfants. Pour eux, leur pays, c'était la France. Oui, la France est notre pays. La ville de Lourdes à elle seule n'est pas toute la France, et les Lourdais ne représentent pas tous les Français. Je parle encore et toujours d'eux... Mais comment pourrait-il en être autrement vu le peu de compassion qu'ils nous ont réservée ? Bref ! Pensons plutôt à la France ! Remercions ce pays des droits de l'homme, il nous a ouvert ses frontières, nous a reçus les bras ouverts, il nous a adoptés puis naturalisés Français, oui, nous sommes devenus Français à part entière. Nous pensons en français, nous rêvons en français, ce qui n'empêche pas notre cœur d'être très proche du pays de nos ancêtres.

Je vous fais part de ce poème que j'ai créé à l'intention des Espagnols, des Portugais et des Italiens :

Dans ce milieu d'hommes d'honneur
Qui ont connu des moments d'horreur
Offrent leur temps
Jusqu'à la tombée de la nuit
S'étire le temps
À l'heure où j'écris
Jamais rien ne rayonne
Si je n'active mes neurones
Je veux parler de nos parents
Pour remonter dans le temps
Des souvenirs amputés
Des images tronquées
Dans le cocon de leur passé
Émigrés et réfugiés
Sont arrivés avec leurs mallettes
Sans laisser paraître leur misère
Sont venus de leur pays meurtris
Ont laissé derrière eux leur patrie
Dans l'espoir d'une nouvelle vie
Il faut en parler et en finir
Sont arrivés au quartier des carrières
Pour extraire des tonnes de pierres
Ce sont des cailloux aux reflets bleus
Qui scintillent le jour au ciel bleu
Nos mères les accueillent en fin de journée
Vraiment terrassés
C'était l'époque de la guerre
Nous vivions là en grégaires

J'avais dix ans
Ça a marqué ma vie
Aujourd'hui je parle
En finir
Je ne veux plus me taire
Je ne cherche pas à plaire
Nous pensons souvent au quartier
Et à tout ce qu'on y a partagé

Les enfants d'immigrés

Je veux aussi parler de nous enfants d'immigrés et réfugiés. Nos parents nous ont mis au travail très tôt, dès l'âge de dix ans, mais ne le blâmons pas, ce n'était pas de gaieté de cœur. Il était difficile pour eux de nourrir leurs enfants, ils en avaient entre quatre et six en moyenne.

Pendant toutes les vacances scolaires, l'été, à Pâques et à Noël, on nous plaçait comme domestiques chez les paysans dans les villages aux alentours, ou bien nous faisions la plonge dans des hôtels. Nous n'étions pas rémunérés. Nous étions seulement nourris, pour des journées de travail de dix heures, sinon plus. Nous avons été exploités sans pitié. Nous étions des enfants d'immigrés, nés ici en France, sur leur sol. Pour ces gens qui nous faisaient travailler, notre avenir était tout tracé : nous étions là pour les servir à tout jamais, filles et garçons sans distinction. Étant donné que nous nous étions fixés définitivement, il fallait en profiter et nous utiliser. Et puis, il n'était pas question pour eux que cette nouvelle vague d'étrangers réussisse ! Ils s'inquiétaient : si nous nous élevions socialement, qui effectuerait les travaux difficiles pour un salaire de misère ? Nous tous adolescents issus du quartier des carrières, nous étions très intimidés par ces gens, qui nous regardaient de haut. Pourtant, ils n'étaient rien que des petits bourgeois exclusivement préoccupés par leurs intérêts matériels. Dans notre univers très limité, sans culture, nous ne pouvions pas faire de comparaison, alors nous les regardions comme des hommes et des femmes supérieurs à nous. Ces gens prétendaient être cultivés. Avec le temps, j'ai compris qu'ils étaient très creux, sans personnalité, sans intérêt…

La grande carrière où ont travaillé nos pères pendant quarante ans. Elle s'étend sur 280 mètres et s'élève à une hauteur de 90 mètres.

Mes parents, Agapito et Manuela Andujar

Mes parents

Mes parents étaient tous deux originaires de Miajadas, ville située dans l'Estrémadure, région du centre-ouest de l'Espagne, bordée à l'est par la Castille, au sud par l'Andalousie, et à l'ouest par le Portugal.

Les parents de mon père étaient marchands de poissons en étalage. Ceux de la Mamá – nous avons toujours appelé notre mère Mamá et non Maman, même lorsque nous lui parlions en français – étaient vendeurs d'*aguardiente de vida*, d'alcool eau de vie. Avant d'arriver en France, notre père travaillait chez son oncle dans la Sienda, et la Mamá, chez une riche famille d'oléiculteurs, les Suerito-Martin, connus dans toute la province d'Estrémadure.

Mes parents ont quitté l'Espagne trois mois après leur mariage en 1928. Mon père avait vingt-huit ans, ma mère, vingt-trois. Ils sont arrivés en France, à Lourdes, au cœur de l'hiver. Ils ont découvert la neige. Ils ne l'avaient jamais vue, il ne neige jamais dans leur pays ! Combien ils ont souffert du froid ! Au point où ils ont hésité à retourner en Espagne… Ils sont finalement restés.

Dans la foulée, notre père a fait venir sa sœur cadette et ses parents, qui sont repartis tant le grand froid leur était insupportable. Puis notre mère a fait venir deux de ses quatre sœurs avec leur famille. Une autre sœur de notre père est arrivée à Lourdes en 1929, un an après mes parents. Elle avait vingt et un ans. Elle n'a pas tardé à épouser un Portugais travaillant comme mon père sur le chantier des carrières. Ce sont mes parrains, je porte son prénom à lui, José. En 1939, ils sont partis au Brésil.

La rencontre de mes parents !
Avant de partir faire son service militaire, mon père s'était entiché d'une superbe fille prénommée Maria, qui habitait à l'autre bout de la ville. Il ne lui avait pas adressé le moindre mot, il était bien trop timide pour l'approcher ! Un jour, il s'est tout de même fendu d'un léger sourire, auquel elle a répondu par un regard attendri. Voilà qui lui a suffi pour penser à Maria pendant toute la durée de son service sous les drapeaux. À son retour, se sentant aguerri et plus sûr de lui, il est allé à la rencontre de sa dulcinée et, après une entrée en matière assez classique, il a prononcé ces mots :

— J'ai terminé mon service militaire. J'ai vingt-trois ans, j'ai un travail. Voudrais-tu fonder une famille avec moi, Maria ?

La demande était certes brutale et maladroite mais Maria ne s'est pas montrée choquée. Elle a simplement répondu :

— Je sais que tu un garçon sérieux. Mais je suis déjà promise à un jeune homme aussi sérieux que toi et nous allons nous marier très prochainement.

C'est ce que l'on appelle recevoir une belle veste...

Maria a poursuivi :
— Va plutôt voir ma sœur Manuela. Mais il te faudra attendre car elle n'a que dix-huit ans.

Durant cinq ans, mon père a fréquenté cette demoiselle prénommée Manuela, qui était encore plus belle que Maria. C'était l'une des plus jolies jeunes filles de toute la contrée. Mon père la voyait sur la place publique avec d'autres jeunes, puis il est allé lui rendre visite chez les Suerito-Martin, chez qui Manuela travaillait, jusqu'au jour où il lui a officiellement demandé sa main. Manuela a accepté car le garçon était sérieux.
Cette superbe Manuela, c'est ma Mamá.
Bien entendu, mon père avait d'autres qualités. Non seulement il était sérieux, mais il était aussi vaillant, il ne fumait pas, il ne consommait pas d'alcool, il avait bon cœur, c'était un bon croyant qui venait d'une bonne famille. Il avait ses travers aussi : il était timide, effacé, très gauche, excessivement placide. Il avait des allures de vieux garçon, il portait mal les vêtements. Notre père n'était pas élégant pour deux sous. Il n'avait aucun sens des apparences. Toute sa vie, nous ne lui avons connu que quatre tenues, dont un costume qu'il portait – très mal ! – pour les mariages. L'hiver, il enfilait un éternel pantalon de velours marron, l'été, il passait du tout-venant. Mais il fallait voir ses mains. C'était de la corne, ce n'était pas de la peau. Le sens du travail, celui-là, il l'avait.
Tout allait toujours bien avec mon père, il disait oui à tout, surtout à ma mère, et ne prenait aucune décision. Il était étouffé par la Mamá, c'est elle qui portait la culotte dans le ménage.

Notre mère avait une personnalité écrasante, elle avait conscience de sa personne.

La Mamá était une grande et belle femme. Ses splendides jambes attiraient les regards, dans les réunions, on ne voyait qu'elle. Elle s'habillait simplement pourtant. Elle n'a jamais porté de pantalon. Pour l'anecdote, quand j'étais adolescent, bien des hommes me disaient : « Comme elle est belle, ta mère ! Elle est grande ! » ou encore, « Comme elle a de belles jambes ! » Ces remarques me rendaient furieux !

Ma Mamá était un volcan ! Elle brillait dans tous les domaines. Mamá cuisinait, elle cousait, elle brodait, elle avait du répondant, et un regard qui pouvait vous fusiller comme vous ensorceler. Que de charmes ! Et une femme sage, comme tant d'autres à l'époque, la femme d'un seul homme, fidèle absolument, n'ayant jamais effleuré les lèvres d'un autre homme, ni avant, ni après le mariage. Notre Mamá était très croyante, et comme on dit en Espagne – veuillez me passer l'expression – c'était « *una mujer con cojones* », une femme avec des *cojones* !

Nous, les enfants, nous n'avons pas attendu d'être adultes pour nous apercevoir du contraste entre nos parents. Nous avons d'ailleurs posé la question à notre mère :

— Mamá, pour quelle raison as-tu épousé Padre que nous aimons par-dessus tout, et que nous sommes heureux d'avoir comme père ?

Elle a répondu :

— Je savais que votre père était un homme courageux, un grand travailleur, honnête et sérieux dans tous les domaines, ne fumant pas, ne buvant pas. Je savais qu'il serait fidèle, et puis, tout le temps où sommes restés amis, et après quand nous nous sommes fiancés, jamais il n'a osé poser sa main sur mon genou lorsque nous étions côte à côte, seuls tous les deux. Il était très beau aussi, et il l'est toujours. Le plus important à mes yeux, c'est que je savais qu'avec votre père, je ne subirais pas ce qu'a vécu ma maman. Mon père avait tous les vices : les jeux, l'alcool, les femmes. Il a eu entre autres une maîtresse de vingt ans sa cadette. Il mesurait près de deux mètres, il plaisait aux femmes par sa carrure, son charisme, et tout le monde le craignait. Un soir, à l'occasion de la fête de la ville, alors que j'étais sur le manège, le forain m'a prise pour me faire descendre. J'avais cinq ans. Il pensait que je n'avais pas payé. En fait, j'avais donné l'argent. Alors mon père a arrêté le manège en marche en le poussant à contresens. Il a administré au forain un magistral coup de poing à l'estomac, à la suite de quoi le monsieur est mort. À présent, vous comprenez pourquoi j'ai épousé votre père, pourquoi je l'ai aimé. J'ai été très amoureuse de lui et je l'aime toujours.

Je voudrais revenir au père de Mamá. Notre grand-père maternel, Faco Emilio Gomez-Yerena, fut un temps propriétaire du casino à la roulette à Miajadas, leur ville d'origine, dans la province de Caceres, et il était fabriquant d'eau de vie. Il est décédé à l'âge de quarante ans, après avoir dilapidé tous ses biens, laissant sa famille plus ou moins dans le besoin. Son épouse s'est laissé mourir, et deux ans après Mamá s'est retrouvée orpheline. Elle avait quatorze ans. Les cinq sœurs ont été dispersées dans diverses familles. Mamá a été placée chez les Suerito-Martin. Elle est restée chez eux neuf ans, et à leur contact, elle s'est quelque peu embourgeoisée. Le mariage avec notre père était d'autant plus étonnant dans ces conditions. Il était tout le contraire de ces gens, qui la considéraient comme de la famille.

Pendant leur jeunesse, on appelait les cinq sœurs « les Marquises ». Il existe environ trois milles titres de noblesse en Espagne. Près de quatre cents nobles possèdent la grandesse d'Espagne, il y a une trentaine de duchés et bien moins de marquisats. Notre tante Maria, la plus âgée des sœurs, ainsi que la Mamá ont reçu un jour quelques explications du père sur ce titre de « marquises » qu'on leur donnait. Je ne sais si les plus jeunes, notamment Matéa et Carmen, alors âgées respectivement de cinq et deux ans, ont été mises au courant de cette histoire. Leur arrière-grand-mère paternelle aurait acquis le titre de marquise par consort. Par quel mystère cette lointaine aïeule est-elle devenue noble ? Je l'ignore. Notre Mamá et la famille Suerito-Martin se demandaient si ce n'était pas une légende. Mais Maria affirmait que leur aïeule marquise avait épousé l'un des nombreux fils de la princesse Farnessa (du premier ou du second lit ? Elle ne précisait pas). Ma tante a avancé un nom, ce ne devait donc pas être une légende.

En Espagne, la possession d'un titre de noblesse n'entraîne aucun privilège légal, les titres sont des distinctions honorifiques symboliques.

En 1954, à dix-neuf ans, je suis allé pour la première fois en Espagne à Miajadas. J'ai été très surpris en me rendant à une soirée : il y avait le bal des riches et le bal des pauvres. J'ai fait les deux salles de bal, la salle des pauvres avec des cousins, la salle des riches avec une fille Suerito-Martin qui avait mon âge ! J'ai fait la connaissance de la fille d'un boulanger, amie de la Suerito-Martin. J'ai rencontré le père, à qui j'ai appris qu'en France les boulangers faisaient aussi de la pâtisserie.

Une suite heureuse : après échanges épistolaires, en 1956, nous avons fait venir leur garçon de quinze ans à Lourdes, entre juin et octobre. Il a occupé ma chambre pendant que j'étais à l'armée, puis il est rentré chez lui. Il est devenu le boulanger-pâtissier le plus important de la ville ! C'est ce qu'on appelle l'esprit espagnol !

La vie de famille et notre quotidien

Les liens familiaux sont très forts chez les Espagnols et c'est la solidarité qui permet aux fratries de conserver des liens solides toute leur vie. Pour eux, la famille est sacrée, se retrouver entre proches, être ensemble, est essentiel. L'entraide et la solidarité se voient aussi envers les cousins germains et la famille plus éloignée. D'ailleurs, si l'on rencontre un cousin, on ne dit pas « Bonjour Tony ! », mais « Bonjour, cousin » (« *Buenos días, primo* »), ou bien « Comment ça va, cousin ? » (« ¡ *Hola* ! ¿ *Qué tal, primo* ? »). Ce besoin de rappeler que nous sommes parents et unis par un lien remontant parfois à plusieurs générations est très important, et ce n'est pas parce que nous étions en France que nous oubliions nos attaches. Les grands-parents, qui s'occupent souvent des petits-enfants, permettent de conserver et nourrir les liens familiaux.

Nous, à l'Ophite, nous avons eu de la chance. Nous avions des voisins âgés qui n'ont jamais eu d'enfants, ils ont tenu le rôle de grand-père et grand-mère avec nous. Longtemps d'ailleurs nous avons cru qu'ils étaient réellement nos grands-parents ! Comme tous les grands-parents, avec plus de conviction encore que nos parents, ils nous ont inculqué les valeurs de la famille, ils nous ont dit de ne pas nous séparer de nos proches. Pour cette dame, les cousins étaient comme les petits-enfants, et dans son imagination elle était notre grand-mère. Elle nous disait que nous étions liés par le sang depuis plusieurs générations, et que si l'on pouvait vivre mille ans, malgré la taille de la famille nous en aimerions chaque membre !

Nous avons gardé de cette Mémé le souvenir d'une femme habitée par la bonté, au visage de Madone. Elle nous récitait les noms, et prénoms parfois, de ses ancêtres, en remontant trois voire quatre générations. Elle nous parlait de la mère de son arrière-grand-mère qui avait vécu cent-trois ans, alors qu'à l'époque on mourait à soixante ans tout au plus ; elle nous a dit que la mère de cette dame avait pour nom de jeune fille Casanova. Ce nom fantaisiste nous plaisait bien !
Mémé dégageait beaucoup d'amour. Elle était triste pour nous de voir que nous ne connaissions pas les cousins de nos cousins, car selon elle, ils faisaient partie de la famille proche. Lorsque nous avons appris que Mémé et son mari n'étaient pas nos grands-parents, cela n'a rien changé à nos sentiments à leur égard. Pour nous, ils étaient notre famille, le grand-père Antonio et la grand-mère Gregoria Clavel. J'ai toujours le souvenir des câlins, et la douceur des bisous.

Deux mots en ce qui concerne nos amis… Dans ce quartier cosmopolite vivaient avec nous des Portugais et des Italiens. J'ai pu constater qu'ils avaient le même rapport que les Espagnols à la famille. Chez mes amis français en revanche, il me semblait que les liens familiaux étaient moins forts. Je ne peux généraliser à tous les Français, bien entendu.

ESPAGNE

Espagne, pays de mes ancêtres, belle patrie, ainsi je te nomme
Sans exception, tous un grand cœur, femmes et hommes
Les paysages au teint de miel aux dessins d'étincelles
Les regards se portent sur toi, tu éblouis, tu ensorcelles
En fin de journée, on aperçoit de multiples arcs-en-ciel
L'ambiance du soir, voilà qui reste immortel
Les vues en montagne, en plaine, en mer, sont presque irréelles
Les sites variés font parfois songer au Colorado
L'ensemble nous est présenté comme un cadeau
Contrée pittoresque, soleil au zénith, c'est merveilleux
L'observer met du baume cœur et rend heureux
Tout reste à comprendre, ou bien à deviner
Les traditions du pays, toujours jalousement gardées
Si loin de la patrie, terre des miens
La chaleur de ce peuple aux tripes me tient
Hélas ! Quelques regrets, il ne peut être mon Pays
Pourtant, il aurait pu me faire frémir
Il m'a été malheureusement impossible de le découvrir
La France, pays où je suis né, je n'ai pas su en partir

À la maison, quand une personne frappait à la porte et que nous étions à table, c'était systématique :

— Entrez ! Asseyez-vous, vous allez bien manger avec nous, oh !

Le repas était simple, il se limitait parfois à une tortilla que nous allions partager entre nous. Quelquefois, c'était un peu juste, mais qu'importe, on réduisait les portions, et nous, les enfants nous étions heureux de recevoir, de voir du monde. Mes sœurs et moi avons gardé cette habitude, nous ouvrons grand notre porte comme nos parents. Comme cela fait du bien ! C'est dans nos gènes, nous ne cherchons pas à gagner le ciel.

Nous vouvoyions nos parents, ce n'est pas une question de respect, c'est l'usage en espagnol qui veut cela.

Nos parents, surtout la Mamá, étaient très bavards, alors si nous voulions prendre la parole il fallait presque lever le doigt ! À table nous ne nous servions pas, c'est Mamá qui servait, d'abord notre père, puis mon frère qui était mon aîné, puis moi, ensuite mes sœurs et enfin la Mamá en dernier.

Nous étions une famille très religieuse. Le père, la Mamá, mes sœurs et leurs enfants étaient évangélistes, mon frère et moi sommes devenus catholiques.

À la maison, nous avions conservé certaines traditions hispaniques. Nous dansions par exemple le flamenco, inspiré par la culture andalouse, et le tango popularisé par Carlo Gardel, bien connu vers chez nous. La Mamá nous a appris à danser le tango, le paso-doble, etc. J'avais quatorze ans, je mesurais 1 m 72 comme la Mamá. Quel beau souvenir, quel plaisir de danser avec la Mamá si élégante ! Elle me disait :

— C'est toi qui conduis la partenaire ! Elle doit se sentir transportée, elle doit avoir l'impression que ses pieds caressent la terre, et toi, tu tournes tes pieds sur la pointe, le temps d'un demi-tour, pas plus ! Lorsque tu auras acquis cette technique, alors tu pourras dire « Je sais danser ! »

Dans les bals qui se tenaient dans les environs de Lourdes, les filles aimaient danser avec les garçons espagnols. Nous étions tous d'excellents danseurs ! Bien sûr, il n'y avait pas inscrit sur notre front que nous venions des carrières de l'Ophite, quartier d'immigrés à mauvaise réputation… Nous dansions rarement avec nos amies de la Cité, sauf les valses, une danse difficile pour bien des filles de la ville. Nous gardions les danses plus chaleureuses pour les autres, afin de tenter de les séduire. Nos tentatives de flirt restaient souvent sans succès, complexés que nous étions par nos troubles de langage et d'élocution, oui, nous parlions mal et nous ne voulions pas choquer la décence.

Les copines du quartier, pas touche ! Elles étaient comme nos petites sœurs. Nos aventures et nos ébats à nous, les garçons, avaient lieu à l'extérieur. Aucun de nous ne se serait avisé d'approcher l'une ou l'autre de nos copines. Puis, à l'époque, et cela ne concernait d'ailleurs pas seulement les filles espagnoles, portugaises et italiennes, au mariage, il fallait présenter « la fleur ». Alors au quartier, entre filles et garçons, nous nous prenions par la main, nous avions des gestes de tendresse, mais c'étaient des marques d'amitié, nous n'allions pas plus loin. Il n'y a pas eu un seul mariage entre nous !

Pour nos sorties au bal ou au cinéma, nous partions en groupes de filles et garçons, le départ se faisait de chez nous, les Andujar. Les longs weekends n'existaient pas. Le samedi, tout le monde travaillait. Le bal se tenait le dimanche, il commençait à vingt heures pour se terminer au plus tard à deux heures du matin. L'entrée coûtait un franc. Quand on avait soif, on allait se désaltérer au robinet. Nous n'avions pas de moyens. Les sorties au cinéma étaient rares.

Pendant la guerre, nous n'avons pas connu la faim contrairement aux gens de la ville. Nous étions tous installés dans une baraque en planches, tout ce qu'il y a de plus succinct, mais au moins nous achetions un petit cochon tous juste sorti du sevrage, nous le nourrissions avec les topinambours de notre jardin, un peu de farine de maïs et autres. Il atteignait 200 kg ! Bien sûr, quand on est six à table tous les jours comme chez nous, ou huit ou dix comme dans d'autres familles, le cochon ne suffit pas à passer l'année, mais il nous a bien aidés pendant la guerre. C'est d'ailleurs pour avoir plus à manger que nous passions les vacances à travailler comme domestiques et autre, en été, en juillet, août et septembre, à Pâques pendant quinze jours, à Noël pendant quinze jours. Nous étions absents quatre mois et demi de la maison, c'étaient autant de bouches en moins à nourrir pour nos parents pendant ce temps.

Quand j'ai eu treize et quatorze ans, j'ai travaillé tout l'été à Gavarnie et j'ai mis mes pourboires de côté. J'ai pu acheter une chèvre magnifique, à la robe beige tirant vers le marron. Je l'ai appelée Louisette. Elle faisait un, parfois deux chevreaux chaque année, ce qui nous assurait quelques bons rôtis de plus, plus une cruche de lait tous les soirs. Après avoir passé la journée au Pic du Jer, elle venait se faire traire après avoir grimpé vingt-deux marches. Nous avions aussi une vingtaine de poules, ce qui permettait quelques tortillas de plus. Sur le chantier de nos pères, des clairières se formaient dans les carrières. Elles attiraient les lapins sauvages, qui nichaient là. À la sortie des terriers, nous placions des collets. Nous pouvions espérer avoir deux ou trois lapins par semaine à partager entre une dizaine de garnements.

Avec mon frère et notre père, nous allions faire du bois pour l'hiver, dans la forêt située sur le flanc droit du Pic du Jer. Il était interdit de ramasser le bois mort... Pas vu pas pris ! Et si toutefois, il n'y en avait plus car d'autres étaient passés avant nous, eh bien nous prenions du bois vivant, comme nous disions, et il nous arrivait de faire tomber un arbre. Que de beaux souvenirs.

Nous n'allions jamais au restaurant en famille, ni au cinéma, et nous ne partions pas en vacances. Une fois tout de même, nous sommes montés au Pic du Pibeste en téléphérique. Ce n'était pas seulement à cause du manque de moyens, c'est aussi que nous étions bien à la maison tous ensemble, réunis. L'idée de sortir, d'aller voir ailleurs, ne nous effleurait même pas ! La routine était notre vie et notre plaisir. Nous nous réunissions tout de même avec nos voisins espagnols, portugais et italiens pour ripailler chez les uns et les autres. Nous mangions parfois, mais pas systématiquement, les plats du pays : *el cocido*, l'équivalent du pot-au-feu chez les Espagnols, le *bacalhau*, soit la morue, chez les Portugais, ou bien la *carbonara*, les fameuses pâtes aux multiples ingrédients, chez les Italiens.

Mes parents ont eu quatre enfants. Mon frère Manuel, l'aîné, était très indépendant, certes intelligent, mais pas plus que d'autres, contrairement à ce qu'il croyait ! Ma sœur Jeannette, petite mais très élégante, avait le cœur sur la main... Elle pouvait se montrer un peu naïve, elle planait – elle était pardonnée. Ma sœur cadette, Georgette, était une personne très agréable, mais elle a toujours donné l'impression de porter tous les malheurs du monde sur son dos. Et moi... Je crois que j'ai toujours été autoritaire. Je ne supporte pas les gens mous et lents au travail, et par-dessus tout, j'ai horreur du vice et j'exècre les gens retors et malhonnêtes.

Un drame qui aurait pu être évité

Dans notre quartier, alors que les filles et garçons de tout âge étaient rassemblés avec quelques adultes, un drame s'est produit.

C'était l'été, pendant la guerre, un peu avant le couvre-feu. Au fond d'un pré voisin, à quatre-vingts mètres environ, nous avons vu des Allemands sortant de la maison du Président du tribunal. Nous étions tous là à les regarder, ils étaient peut-être une dizaine, surpris de nous voir les observer avec insistance. À leur tour, ils nous ont toisés... Les femmes alors se sont mises à crier :

— Vite ! Les hommes, il faut vous cacher ! Les Allemands arrivent pour faire une rafle !

Les hommes ont pris leurs jambes à leur cou et ont couru se cacher aux alentours du chantier. Les soldats allemands n'ont pas tardé à leur tomber dessus... Les hommes se sont regroupés, ont levé les bras en l'air. Pascual, l'un d'eux, s'est mis à courir. J'ai vu toute la scène, jamais de ma vie je n'ai vu un homme courir aussi vite ! Il aurait pu gagner les Olympiades !

Les Allemands sans hésiter ont fait feu. Pascual s'est écroulé à vingt mètres de nous. Il gémissait, je l'entendais dire « *Mamà mia, mamà mia* »… J'ai entendu son dernier souffle. J'avais neuf ans.

Nos jeux et distractions

Nos jeux étaient parfois dangereux. Durant la guerre, nous avons récupéré des balles d'armes de gros calibre, perdues par les Allemands durant des manœuvres de tirs. Un jour, l'idée nous a pris de faire un grand feu, et nous nous sommes mis à lancer les balles dans le brasier. Un vrai feu d'artifice ! Mais une balle a traversé la jambe de notre ami Celedonio, fils de Pascual.

Quelle malédiction !

Un autre jour, nous sommes partis pour Anclades, un village à trois kilomètres de Lourdes. Nous avons fait un long détour par le sentier du Pic du Jer, au lieu de mettre vingt minutes par la route normale, il nous a fallu deux heures. Pourquoi ce détour ? Pour éviter de nous faire surprendre par un paysan, chez qui nous étions allés ramasser des châtaignes… Une escapade, du reste, que nous faisions chaque année. Mais en chemin, l'un de nous s'est pris les pieds dans un piège à renard. Comble du malheur, la victime était encore notre ami Celedonio.

À quatre cents mètres du quartier des carrières, il y avait une voie ferrée où passaient des trains de marchandises. Un jour où nous étions à la gare de Soum, nous avons décidé d'attendre le train. Il est entré en gare, a stationné un temps puis il a redémarré, et aussitôt nous avons sauté dedans. Nous appelions cela « voyager à la resquille ». Nous descendions cinq kilomètres plus loin, après un pré, en sautant du train. Jamais nous ne nous sommes blessés.

C'était un jeu comme un autre !

Nous allions aussi jouer au foot, nous aimions nous mesurer aux garçons de la ville, qui possédaient un vrai ballon de foot, ce qui n'était pas notre cas. N'empêche, nous les battions à tous les coups !

À la Saint-Jean, nous avions une habitude qui me laisse un peu perplexe aujourd'hui... Comme chaque année, grands et petits, nous allumions le feu de la Saint-Jean au beau milieu de la cour du quartier. Nous ramassions pour l'occasion les bois perdus, les chiffons, tout ce qui traînait à cinq cents mètres à la ronde. Le but était de brûler Baptistou, un grand et gros bonhomme de chiffons que l'on plaçait le plus haut possible au centre du foyer. Nous l'embrasions à la tombée du jour, puis, en attendant que le feu prenne, nous formions une ronde et tournions autour du feu, filles et garçons main dans la main. Quand le feu avait atteint une bonne taille, nous nous amusions à l'enjamber, nous sautions deux mètres en longueur, voire plus ! Nous ne nous en sortions pas trop mal, avec tout de même quelques brûlures.

Un jeu moins dangereux... Avec les amis, nous nous réunissions parfois autour d'un repas. Chacun amenait ce qu'il trouvait : saucisson, chorizo, fromage, jambon maison, saucisses, etc. Nous nous rendions dans le pré de la Pie à mie, sur le chemin du Pic du Jer, nous faisions des grillades. Ce pré qui nous accueillait au beau milieu de la montagne était un miracle de la nature ! Après un chemin escarpé, apparaissait un plateau de verdure dans un couloir ouvert au vent du nord, qui rafraichissait l'atmosphère ; il était d'un beau vert profond rappelant les prairies d'Irlande. Nous restions dans ce lieu magique jusqu'à la tombée du jour.

Ce havre de paix et de verdure n'a pas quitté mon souvenir.

Au travail à Gavarnie, en 1948, à l'âge de 13 ans.

Au travail à Gavarnie, en 1949, j'ai 14 ans.

Au travail pendant les vacances

J'ai déjà dit que pendant toutes les vacances scolaires, j'ai dû travailler. Quelques précisions sur mes activités...

En 1945, année de mes dix ans, on m'a placé comme premier domestique chez un paysan dans le village de Sère-Lanso, dans les Hautes-Pyrénées.

En 1946, j'ai été placé chez un viticulteur à Vic-Fezensac, dans le Gers. J'ai vécu des moments difficiles dans cette ferme. Je me souviens, au mois de juillet, j'étais en plein soleil, aux heures les plus brûlantes de la journée, je travaillais aux champs avec un garçon de quinze ans, fils d'immigrés italiens. Nous labourions la terre aride, lui derrière tenant la charrue, moi devant les bœufs de trait. C'étaient des bêtes de plus de 900 kg. Je devais suivre les sillons, ces longues tranchées que creuse le soc de la charrue dans la terre, pour la rendre propice à la culture. Lorsque je ralentissais à cause de la fatigue, l'attelage me poussait à coup de mufles au niveau de la tête, vu ma petite taille. Si j'avais trébuché, j'aurais pu être piétiné ! Aux pieds, je portais des spartiates usées, sans chaussettes. Je vous rappelle je n'avais que onze ans.

Sans doute, les viticulteurs, comme les paysans, faisaient travailler très dur leurs propres enfants, et étaient aussi exigeants avec eux qu'avec nous, mais ils leur accordaient plus de moments de détente. Leurs enfants pouvaient dormir dans un bon lit, alors qu'en ce qui me concerne, je devais me contenter d'un lit de camp coincé dans une alcôve. Je n'avais pas accès à la douche. Elle était réservée aux patrons, à cause du manque d'eau qui est fréquent l'été dans le Gers. Après un gros orage, si le lavoir s'était un peu rempli, j'en profitais pour me rafraîchir et me débarbouiller, sans savon. On ne me lavait pas mon linge. J'ai traîné tout l'été les mêmes vêtements. J'avais en ma possession six changes, que je portais par roulement.

Je suis rentré chez moi fin septembre, après les vendanges. J'avais la tête pleine de poux. À chaque coup de peigne, il en tombait une dizaine.

Pour revenir à Sère-Lanso – là-bas nous ne manquions pas d'eau ! – je me souviens que les enfants des agriculteurs parlaient le patois entre eux quand ils ne voulaient pas que je les comprenne. Je saisissais cependant la plupart des mots, car il y avait des similitudes avec l'espagnol. Leurs conversations n'étaient pas des plus élégantes à mon égard. Durant cette période difficile, tout de même, on me laissait dormir jusqu'à sept heures et je mangeais à ma faim.

Pendant les vacances d'été, en 1948 et 1949, à l'âge de treize et quatorze ans, j'ai été accompagnateur pour les touristes à Gavarnie. Eux avançaient à dos de cheval, d'âne ou de mulet, moi, évidemment, je devais marcher. Je faisais chaque jour deux à trois parcours, soit 20 à 30 kilomètres. J'avais fait venir deux copains, Jeannot de la cantine et José de Basilia. Ils ont abandonné au bout de deux semaines !

L'école

Dans toutes les villes de France il y avait, et il y a toujours, des cités Rothschild pour des gens pauvres comme nous. C'étaient des Français qui habitaient dans la cité Rothschild de Lourdes, ils n'étaient pas montrés du doigt. En classe, les instituteurs les plaçaient devant, les bons éléments s'asseyaient au premier rang. Nous, ils nous plaçaient derrière, au fond de la classe. Dans les années 1942-1950, certains devenaient instituteurs avec un simple brevet en poche ; d'autres étaient passé par l'École normale d'Auch. Quelques instituteurs possédant le brevet étaient fils de paysans ; ils ne voulaient pas reprendre l'exploitation de leurs parents… Évidemment la terre est trop basse. Quelle belle activité, pourtant, que l'agriculture.

Pendant la guerre de 39-45, quand nous sortions de l'école à 17 heures, nous allions à l'Abri Saint-Bernard, c'est-à-dire à la Croix-Rouge, pour y manger la soupe populaire. 90 % des enfants qui se rendaient là étaient des enfants de carriers. Les enfants qui venaient de la cité Rothschild ne nous accompagnaient pas. J'en ai connu cinq qui ont été des nôtres, cinq sur une bonne centaine ! Pourtant ils étaient aussi pauvres que nous. Nous n'avons jamais su pourquoi ils boudaient la soupe.

J'ai pu constater que ces jeunes, à quelques exceptions près, ont bien moins réussi que nous, fils d'immigrés. À croire qu'il faut impérativement manger de la vache enragée pour faire son trou.

Faire son trou !

À sa tâche, jour après jour, au labeur, sans relâche… Oui c'est dur, mais on finit par en retirer le fruit, c'est le plus doux des plaisirs. C'est aux nombreux chemins parcourus que l'on peut mesurer ses acquis. Se familiariser avec les études quand on a quitté l'école jeune demande un véritable travail de fond. Peu importe le support, l'essentiel est d'être curieux et de s'intéresser à tout ce qui nous tombe sous la main. La lecture est un outil très efficace pour faire travailler sa mémoire. Il ne faut pas manquer le départ, c'est-à-dire l'école primaire, qui est la base, le problème étant que nous, enfants d'immigrés, nous n'y avons rien appris ! Il n'y avait pas que des mauvais élèves parmi nous, mais nous avions de mauvais enseignants !

J'avais douze ans, mon instituteur observe mon cahier et me dit, en me portant un revers magistral sur la tête :

— Qu'est-ce que c'est ce travail ? Et que fais-tu ici ? Rentre donc chez toi !

Que voulait-il dire ? Que je devais retourner dans le pays de mes parents ? Mes amis recevaient le même genre de remarques.

Nous n'intéressions pas nos professeurs. Ils n'ont pas été bienveillants à notre égard, ils n'ont pas cherché à nous comprendre, ils n'ont pas voulu nous accorder ne serait-ce qu'un peu d'attention. Étant donné leur comportement, nous ne pouvions pas nous intéresser à l'école...

Que serions-nous devenus si nous n'avions pas été animés du désir de nous en sortir ? Si nous n'étions pas restés vigilants tout au long de notre jeunesse ? Je crois qu'au fond de nous, nous savions que nous étions capables.

L'école était située à deux kilomètres de chez moi. Je rentrais à pied. Il n'y avait pas de car, et les parents ne venaient pas chercher leurs enfants comme aujourd'hui.

Un jour, à sept ans, alors que je marchais le long de la route avec mes petites jambes, cahin-caha, je m'apprête à traverser, et je me fais renverser et traîner sur trente mètres. La suite ! C'est là où je veux en venir... Je me réveille, peut-être une heure après l'accrochage, chez un médecin qui s'avérait être un ami du chauffard. J'étais bandé de partout, à la tête, aux genoux, aux bras... D'après ce que j'ai appris plus tard, la voiture qui m'avait renversé était une Simca-cinq, donc une toute petite voiture. Heureusement, car je n'étais pas très épais. D'ailleurs, quand je jouais au rugby enfant, j'étouffais littéralement pendant les mêlées, je me retrouvais toujours en-dessous, et je criais :

— Je m'étouffe ! J'ai de l'asthme ! J'ai mal !

À l'âge de dix-sept ans, je me suis retrouvé un jour dans un préventorium. Le docteur pendant la visite me

dit que j'ai eu un grave accident. Je proteste, mais le médecin insiste :
— Si ! Vous avez eu sept côtes cassées !

Alors mon accident enfant me revient. J'en parle au médecin, qui me demande ce que font mes parents. Je réponds que ma mère est femme de ménage et mon père manœuvre. Il poursuit :
— Et la personne qui vous a accroché, qui est-ce ?
Je réponds :
— C'est Monsieur Béguerre.

Ce monsieur était un des hommes les plus riches de Lourdes. Il a été par la suite maire de la commune, et président du club de rugby à quinze.

À l'âge de douze ans, sans prévenir mes parents, je suis allé seul lui rendre visite. Après m'être présenté et lui avoir rappelé l'accident, il m'a fait :
— Ah, ça ne t'a pas fait de mal ! Tu es un gaillard !

La visite a duré deux minutes. Sur le perron était posée une paire de sandales basques avec des semelles en corde. Il m'a dit :
— Elles sont à mon fils, prends-les !
Belle compensation !

Voilà comment nous étions considérés, nous, les enfants d'immigrés.

Un aparté... Le déroulement de la vie est très étrange. C'est ce monsieur qui m'a marié alors qu'il était devenu maire de Lourdes, puis sénateur ; qui plus est, fort tard dans la soirée, il s'est assis en face de moi à mon repas de mariage. C'était le cousin de ma belle-mère de surcroît ! Quelques années plus tard, alors nous avions rendez-vous avec ma femme pour remettre un chèque en vue d'acquérir un appartement, nous avons appris qu'il était mort la veille, d'une crise cardiaque, alors qu'il se trouvait dans les tribunes du stade de rugby. Je me suis rappelé les sandales. J'ai dit à ma femme :

— Quel que soit ce qu'on désire obtenir, il faut le gagner.

C'est en gardant cette idée en tête que j'ai conduit mon existence. Le patrimoine que j'ai acquis, soit neuf lots, je l'ai obtenu à la sueur de mon front.

Je reviens, encore et toujours, aux immigrés… Ils étaient repoussés par tant de gens, cela me laisse quelque amertume… La France avait besoin de ces ressortissants pourtant. Entre 1914 et 1918, déjà, elle a appelé des Espagnols pour pallier le manque de main d'œuvre due à la mobilisation. Plusieurs milliers d'Espagnols ont été recensés en France en 1919. Puis, des péninsulaires sont venus se réfugier en France après le pronunciamiento de Miguel Primo de Rivera, qui avait établi la dictature en Espagne en 1923. Tous ces gens ont participé à la relève de la France après la Grande Guerre. Pour la petite histoire, nous, enfants d'immigrés, sommes nombreux à avoir créé des entreprises où ont travaillé des Français et qui ont permis de faire vivre des familles entières.

Après l'école

Après l'école primaire, à quatorze ans, j'ai voulu entreprendre un métier, comme tous les enfants d'ouvriers. Aucun de nous ne songeait à faire des études, nous n'avions ni l'instruction ni les moyens financiers.

J'ai eu le malheur de choisir le métier de pâtissier. Je suis tombé sur de mauvais patrons. Les horaires étaient très durs : je travaillais de 4 heures du matin à 17 heures, et je n'avais droit qu'à une pause de vingt minutes grand maximum pour déjeuner. Je mangeais dans une gamelle en aluminium, celle-là même qu'ils donnaient aux chats ! Et pour ce qui était de l'apprentissage, hélas ! Je n'avais même pas le temps d'apprendre la pâtisserie, la plonge était ma principale activité.

On m'a usé jusqu'à atteindre ma santé. J'ai dû aller en maison de repos, à Astugue, où je suis resté plusieurs mois afin de me remettre sur pieds.

Mes amis se sont engagés dans des voies différentes, et leur apprentissage s'est un peu mieux passé que le mien en général. Plus dramatique, le destin de mon copain Célestin. À quatorze ans, il a laissé sa vie au travail, à cause d'un accident de la route avec son employeur.

Je précise que nous n'étions pas rémunérés.

La maison de repos où je suis allé était en fait un préventorium. Au retour, j'ai été convoqué au tribunal de justice après une plainte à l'encontre de mon employeur pour abus de travail sur mineur. L'inspecteur du travail était présent dans le bureau du juge. Je n'ai jamais su qui a porté plainte. La durée légale du travail hebdomadaire pour les mineurs ne pouvait excéder trente-cinq heures, alors qu'on m'avait imposé quatre-vingt-cinq heures. Ma réaction peut surprendre, mais c'est dans mes gènes, je n'ai pas voulu accabler mes patrons. Le juge a très bien saisi ma délicatesse. La vie a fait son chemin… Trois générations plus tard, la famille de mon employeur s'est retrouvée aussi pauvre que la mienne l'était dans les années 1930 à 1950.

La pauvreté

Nos aïeux nous ont légué « la pauvreté ».
Avec ce triste héritage, comment affronter l'avenir ?
Il nous faut remplir le vide immense, redresser la tête, affronter toute adversité, c'est la priorité. Dans la nécessité, nous avons tendance à faire comme si nous n'avions besoin de rien, commençons par communiquer, ne restons pas là plantés, il y aura peut-être un retour.

C'est bien connu, le monde est très égoïste. Leurs réactions ! « Si tu n'as besoin de rien tu me le dis. » Alors que nous, nous disons, « Viens avec nous », et tous ensemble nous tendons la main à nos prochains. Ils ont des besoins. Nos liens sont un petit rien, mais comme ça fait du bien ! Juste dire « Ça tombe juste à point. » Puis nous voilà à faire de bonnes actions.

Je reviens aux familles du quartier des carrières : tous liés, c'est le seul moyen de s'en sortir. Nul ne respire si bien que celui qui a une famille d'amour qui sourit au beau temps, et fait au mieux dans les mauvais jours. Nous avons besoin des autres pour que batte notre cœur et vivent nos pensées. Ne restons pas muets. Nous devons former une chaîne éternelle, se passer le flambeau, que chacun rapidement prenne la torche et la tende à son tour, et qu'elle ne s'éteigne pas. C'est alors que, pour faire du bien, il faut faire le lien. Vous aurez compris que nos parents nous ont légué un grand cœur pour faire du bien.

Mon parcours, adulte

Nous avons su tirer profit des obstacles et expériences douloureuses que nous avons subis, enfants et adolescents. Ces difficultés nous ont armés pour la suite, et elles nous ont donné envie de réussir. Je dis « nous » car ma vie s'apparente à celle de mes amis, enfants d'immigrés. Nous avons eu des trajectoires similaires, nous avons mis toute notre énergie dans nos activités professionnelles, et nous avons su nous en sortir.

Mes amis sont nombreux à avoir effectué, comme moi, des études et des formations sur le tard. Ce choix peut paraître étonnant, voire très étrange, d'autant plus que nous étions les malaimés de nos instituteurs, et avions très peu de chances de réussir. Certains d'entre nous sont des autodidactes, dotés d'un grand savoir accumulé au fil du temps.

En ce qui me concerne, j'ai eu le privilège de suivre, avec l'aide de ma fiancée, des cours dispensés à l'École polytechnique de vente et de commerce, au 71 rue de Provence, à Paris, dans le IXe arrondissement. J'avais dix-neuf ans. Une fois libéré de mes obligations militaires, toujours avec le concours de ma femme et avec celui de ses proches, tous dans l'enseignement, j'ai pu suivre des cours privés de niveau seconde, première et terminale. Il va de soi que j'étudiais le soir après le travail. Mes journées étaient bien remplies alors : je travaillais plus de neuf heures par jour, pour un total de cinquante-neuf heures par semaine – c'était le tarif à l'époque. J'ai mis dans ces études toute la rage qui était en moi, d'où le fait que j'aie pu m'éclater, plus tard, dans le monde des affaires.

J'ai exercé plusieurs activités dans diverses branches commerciales. Mes premières armes, je les ai faites dans le prêt-à-porter pour dames, ce qui m'a forgé, mis sur les rails et permis de maîtriser les stratégies du combat de la vente moderne.

De 1959 à 1962, j'ai été représentant en articles de souvenir, puis je suis devenu représentant en articles ménagers et téléviseurs.

J'ai ensuite décidé de m'installer artisan en plaques de souvenir. J'ai cessé cette activité en 1968 à la suite de mon divorce, puis j'ai été engagé comme chef du personnel aux établissements Latina à Castres, toujours dans le secteur des plaques et croix de souvenir.

En 1970, retour au pays : je suis devenu vendeur de véhicules industriels et de tourisme à Tarbes. Très vite, le concessionnaire, avec l'appui de l'inspecteur commercial du constructeur, m'a encouragé, pour ne pas dire obligé, à suivre des stages de formation de manager. J'ai suivi quatre-vingts séminaires de quatre jours et demi en l'espace de trois ans, à la suite de quoi j'ai pu assurer la fonction de chef de ventes puis celle de directeur commercial. J'ai eu sous ma responsabilité quarante personnes, vendeurs de véhicules neufs et d'occasion, secrétaires, mécaniciens station-service et carrosserie, employés en comptabilité et achats...

Jusqu'en 1980, j'ai assuré cette fonction avec un immense plaisir. Ma rémunération était alléchante, elle s'élevait à 3 200 francs, l'équivalent aujourd'hui de 4 800 euros mensuels. J'ai quitté cette situation, avec un pincement au cœur, car je désirais m'orienter vers l'immobilier. Je voulais intégrer ce milieu d'hommes d'affaires avertis, et traiter de ventes de plusieurs dizaines de millions de francs, ce qui correspondait davantage à ma formation et à ma personnalité de manager. J'ai quitté l'immobilier lorsque j'ai pris ma retraite, à soixante-dix ans.

Dans mon entourage, certains m'ont témoigné de la compassion, ils ont su me comprendre, reconnaître qui j'étais et apprécier ce que je dégageais. Grâce à eux, j'ai pu poursuivre des études tardives et m'en sortir. Bien entendu, je ne me suis pas lancé dans des études poussées, on m'a épargné des textes, des équations, des formules de chimie qui souvent ne servent à rien dans la vie de tous les jours. J'ai tout de même été obligé d'emmagasiner un monceau de connaissances et de me cultiver dans de nombreux domaines pour pouvoir persévérer dans le commerce et atteindre le but que je m'étais fixé.

Les cours que j'ai suivis à Tarbes étaient destinés à des vendeurs triés sur le volet au sein de concessions de véhicules industriels, voitures tout type et autres, établies dans le Sud-Ouest. Des professeurs travaillant en partenariat avec des psychologues prenaient en charge les vendeurs doués, dont le fort potentiel était en sommeil. En retour, il nous était demandé de faire preuve d'envie, de motivation, et si possible de montrer une forte personnalité. C'est pour moi un grand privilège d'avoir pu bénéficier gratuitement de cours éclectiques, financés par le concessionnaire, avec l'appui des constructeurs Simca, Unic-Fiat et Chrysler-Détroit USA. Les stages se déroulaient du lundi au vendredi midi, et dès l'après-midi chacun retournait dans sa concession.

Durant ces trois années, nous n'avons pas eu de répit, ni aucun congé annuel jusqu'à la fin des cours. C'était la condition sine qua non au recrutement. Le but était de nous faire passer au grade de vendeur confirmé, puis à celui de chef de vente, pour enfin accéder au grade de directeur commercial. Pour ne rien négliger, le soir, à l'hôtel, je passais de longues heures au téléphone avec Jeanine, l'épouse d'un ami, qui avait fait des études de commerce à Toulouse. Je lui expliquais sur quels sujets je bloquais et elle m'aidait à fignoler mon travail. Elle prenait les frais de téléphone à son compte car la communication coûtait très cher depuis l'hôtel.

Quand j'étais adolescent, personne n'a su me dire ce qu'on peut devenir et comment le devenir. On m'a montré les choses essentielles, je ne savais rien du reste. Mes parents immigrés étaient très ignorants et sans expérience, et les instituteurs ne s'intéressaient pas à moi, qui étais fils d'immigrés.

Aujourd'hui, je suis moi-même surpris par la tournure que ma vie a prise.

Mon fier tempérament m'a toujours poussé à me redresser quelle que soit la situation. Pas d'excuse ! Dans la vie, il faut affronter l'adversité, prendre sa revanche sur son passé, savoir saisir les opportunités : il y en a toujours une qui se présente. Il est vrai, à cette époque, le travail était un peu plus ouvert à ceux qui voulaient avancer. Je pense que je suis un exemple parmi bien d'autres.

Je n'ai eu de cesse d'améliorer mes conditions de vie au cours de mon existence. J'essaye de suivre le mouvement du monde, de rester en phase avec la modernité et les progrès technologiques.

Je crois que j'ai compris que la vie est un cadeau. J'ai fait en sorte d'utiliser ce cadeau à bon escient. J'ai aussi compris qu'il faut inventer sa vie. J'ai tout fait pour. Surtout, je ne suis pas resté à me regarder le nombril.

Quelques lignes encore sur les stages que j'ai effectués… J'ai tiré de ces cours plus de bénéfices que les autres participants. Même si j'étais entouré de personnes plus instruites que moi, j'ai réussi à faire ma place et à tirer avantage de l'expérience de chacun. Les cours m'ont permis de grandir à titre professionnel, mais surtout à titre personnel. J'ai appris à prendre confiance en mes moyens, j'ai acquis une excellente capacité d'adaptation, ce qui s'est révélé salutaire dans ma profession car j'ai été amené à côtoyer des personnes de différentes cultures. Au début des stages, j'éprouvais un grand sentiment d'insécurité, je n'étais pas certain de pouvoir suivre et de m'intégrer, mais très vite, grâce à cette grande envie logée au fond de moi, les choses se sont arrangées. Je précise que si j'ai été sélectionné, c'est parce que j'étais le plus productif de tous les vendeurs du Sud-Ouest. En effet, mes huit collègues vendaient chacun entre dix et dix-huit véhicules mensuellement, voitures, camions, autocars et remorques confondus, quand je réalisais pour ma part vingt-quatre ventes par mois, soit une vente par jour ouvré. C'est à l'occasion d'un séminaire à Toulouse, à l'hôtel Concorde, que j'ai appris que je détenais le record des ventes. Ce jour-là fut comme un phare éclairant mon chemin. J'ai vu la possibilité de mon ascension. Je n'envisageais pourtant pas encore, au début des cours, de partir en affaires dans l'immobilier, de brasser une telle quantité d'argent. Une parenthèse, encore : les ventes à gros chiffres sont très stimulantes, elles donnent une sensation de vertige, mais pendant une vente, il ne faut pas systématiquement penser à la commission, l'important reste d'enregistrer la commande. Penser à l'argent est évidemment très agréable mais un vendeur digne de ce nom doit garder son attention fixée sur la réalisation de la vente. Je ferme la parenthèse.

Concernant le parcours de mes parents : après être resté ouvrier carrier de 1928 à 1953, mon père a travaillé dans les barrages de montagnes jusqu'en 1961. Ce travail devenant trop pénible, il s'est fait engager comme maçon dans une entreprise de construction, en 1970, puis il a pris sa retraite bien méritée, à l'âge de soixante-dix ans. Il est décédé en 1989, alors que la plupart de ses collègues carriers étaient morts, usés, trente ans avant lui. Mon père était une force de la nature.

Ma mère a toujours travaillé dans l'hôtellerie, de 1928 à 1965, comme femme de chambre ou dans les cuisines. Elle n'était pas déclarée et n'a jamais pu percevoir de retraite. Elle est décédée à quatre-vingt-douze ans.

Jusqu'en 1967, mes parents sont restés dans notre logement, dans le quartier, avant d'intégrer un nouvel immeuble plus confortable juste en face.

II
Promenade et anecdotes

Un long aparté...

Oublions les pages quelque peu pénibles de notre histoire, pour passer ensemble un moment de détente. Je vais à présent vous relater des événements rocambolesques ou méconnus survenus à Lourdes et dans sa belle région. J'espère, en vous parlant des Pyrénées, susciter en vous le désir de les visiter. Quand vous aurez terminé la lecture des pages qui suivent, n'hésitez pas à revenir en arrière pour relire quelques passages sur la vie des immigrés dans les carrières : vous l'avez compris, honorer la mémoire de ces travailleurs me tient profondément à cœur.

En attendant, faisons un tour d'horizon de la ville de Lourdes. Cette ville est en constant essor depuis les apparitions de la Vierge en 1858. Depuis cette date, Lourdes est devenue un centre de pèlerinage catholique de premier ordre. Il s'agit, en termes de fréquentation, du quatrième lieu de pèlerinage catholique, après le Vatican, la basilique Notre-Dame-de-Guadalupe de Mexico et la basilique Notre-Dame d'Aparecida au Brésil. Accueillant chaque année près de six millions de pèlerins et visiteurs, Lourdes est la deuxième ville hôtelière de France après Paris – son parc hôtelier comprend douze mille chambres – et la troisième en nombre d'hôtels après Nice. En 1850, elle n'était pourtant qu'un modeste chef-lieu de canton de quatre mille habitants.

Y a-t-il des miracles à Lourdes ?

À Lourdes, chaque année, des millions de pèlerins viennent se prosterner devant la statue de la Vierge juchée sur le rocher. Lourdes n'est pas un endroit où l'on va par simple curiosité. Je puis vous le dire, moi qui suis Lourdais. C'est un lieu spirituel avant tout. La ville conserve cependant un patrimoine intéressant qui mérite d'être visité, et elle s'entoure d'une nature verdoyante se parant de multiples teintes suivant les saisons, propice aux activités de plein air. Ville de pèlerinage pour les croyants depuis que des miracles auraient eu lieu en son sein, elle attire les fidèles qui, par millions, viennent toucher d'une tendre main le rocher de la grotte de Massabielle.

Il faut voir le visage plein d'espérance de toutes ces personnes, qui attendent d'être témoin d'un miracle. Certaines, pourtant incrédules, ont tenu à venir, sans trop savoir à quoi s'attendre... Face au rocher, ces gens auparavant perplexes se figent soudain... À leur tour, ils attendent un signe et se disent qu'un miracle finalement peut se produire ! Malgré leurs premières réticences, et même s'ils sont incroyants, ces gens sont parcourus de frissons devant le rocher et la source d'eau miraculeuse.

Ne quittez pas Lourdes avant d'avoir visité la basilique souterraine Saint-Pie-X ! Ovale, d'une surface de 12 000 m², elle peut accueillir vingt-cinq mille personnes. L'édifice est paré de trente-neuf tableaux représentant des saints et de très beaux vitraux en gemmaux relatant pour partie le chemin de la Croix. Sur la colline des Espélugues, au sud de la basilique, un autre chemin de Croix sculpté s'étend sur 1 500 mètres. Il est jalonné par cent-quinze personnages réalisés en fonte, enrobé d'une couleur or. J'ai vu des fidèles faire le parcours à genoux. Ils s'arrêtaient tous les quarante mètres pour prier, repartaient, pour finir le parcours les genoux en sang.

Jusqu'à vingt ans, je me suis posé des questions sur la religion. Je restais dubitatif devant le luxe de certaines églises, devant les parures et somptueux habits des cardinaux, arborant d'impressionnants pendentifs en or... Puis, j'entends qu'une pièce de l'évêché, dans la grotte, recèle des joyaux, des bijoux et autres objets de valeur : ce sont les fidèles qui les remettent, après que leurs prières ont été entendues et que leur vœu a été exaucé, ou après je ne sais quelle satisfaction que la Vierge leur aura accordée. Quoi ?! Une fortune colossale dort là et je n'en savais rien ? Je suis soufflé quand j'apprends l'existence de ces joyaux dormants... ! Enfin, tout cela est-il bien véridique ?...

À propos de l'eau miraculeuse de la grotte de Lourdes, j'ai une expérience à vous raconter. Vous aurez sans doute des frissons quand vous lirez ce que je vais vous dire, autant que j'en ai eu, moi, catholique baptisé et Lourdais, quand cet événement s'est produit...

Tout enfant déjà, je voulais savoir si l'eau de la source était bel et bien miraculeuse. Je voulais en faire l'expérience. Et si elle ne faisait pas de miracles, au moins, avait-elle des bienfaits ? Quand j'ai vu que mon départ pour le service militaire approchait, je me suis dit que c'était le moment ou jamais de tenter l'expérience. J'ai acheté deux bidons en tôle, j'ai vérifié s'ils étaient en bon état et bien étanches. Ils étaient en parfait état. J'ai rempli les deux bidons à ras bord, l'un, avec de l'eau prise au robinet de la ville, l'autre, avec de l'eau puisée à la source miraculeuse.

À mon retour de l'armée, vingt-six mois plus tard, je me suis dépêché d'aller inspecter les bidons. Je prends le contenant empli d'eau de ville : l'eau n'est pas limpide. Elle a pris une teinte grisâtre, et une partie s'est évaporée. Elle a baissé de quatre centimètres. Pas question de la boire évidemment. Place au bidon empli d'eau de source... Quelle surprise ! L'eau est claire, limpide, elle est restée au même niveau. Je me décide à en boire... Je n'ai pas été malade, et je suis toujours là.

Lorsque j'ai acheté les bidons en tôle, j'ai un peu tourné dans le magasin. J'ai pris, machinalement, une superbe pipe Saint-Claude en buis, je ne sais pas trop pourquoi car je ne fume pas. Me voyant ainsi manipuler la pipe, la gérante, patronne de ma sœur, a gentiment proposé de m'offrir l'objet en buis de toute beauté. Je n'avais pas l'intention de l'acheter, mais j'ai accepté l'aimable cadeau. Lors du remplissage du bidon avec l'eau de la source, j'ignore pourquoi – aujourd'hui encore, je ne comprends pas mon geste – j'ai plongé la pipe dans l'eau. Je l'ai emportée avec moi à l'armée.

À mon arrivée à la caserne, je suis devenu ami avec un appelé du contingent. Il était séminariste. Il était heureux de m'avoir comme ami vu que j'étais Lourdais, il se disait que j'étais forcément un bon chrétien, proche de Marie, Notre Dame de Lourdes. Je lui ai offert ma pipe, vu que je ne fumais pas.

Nous sommes allés en manœuvre au camp du Larzac, et le voilà qui monte avec trois autres conscrits dans une Jeep. Mais alors un drame s'est produit. La Jeep a fait plusieurs tonneaux. Deux de ses camarades ont été gravement blessés. Le troisième, assis à l'arrière, s'est fracturé le bassin et est resté mutilé à vie. Mon ami séminariste a été le seul à s'en sortir indemne. Il n'a ressenti aucune douleur, il n'a pas même eu un bleu. Il a repris le service immédiatement après, et m'a dit :

— C'est un miracle ! C'est ta pipe !

C'était un signe aussi pour moi.

Il a poursuivi :

— José, je n'étais pas sûr de ma voie et cela me taraudait ainsi que mes parents. Ils sont malades de mon choix. À présent, tout s'éclaire, c'est l'évidence. À la quille, je me ferai ordonner prêtre.

Moi aussi j'étais bouleversé par cet événement !

Comme dit Voltaire, si Dieu n'existait pas, il faudrait l'inventer !

Après Lourdes, cap vers quelques divins lieux, que je vous présente ci-après.

Argelès-Gazost

Ah, quelle ville ensoleillée ! Elle profite de quatre-vingt-dix jours de soleil en plus que Lourdes par an. Il est vrai que Lourdes est particulièrement pluvieuse, on l'appelle « le pot de chambre des Pyrénées ». Mais Argelès ! Elle resplendit de beauté. La nature, le patrimoine, son parc animalier hébergeant de multiples animaux des Pyrénées…

À Argelès, située à 11 kilomètres au sud de Lourdes, beaucoup de gens aimeraient demeurer. Passé la montagne du Pibeste, située entre les deux villes, le soleil brille constamment : la pluie et le vent sont repoussés vers le nord. Le pic du Pibeste protège Argelès de la pluie, et empêche la pluie de s'échapper de Lourdes. Elle reste là et elle tourbillonne sur Lourdes. Tant pis pour nous !

Pour votre gouverne, sachez que Jacques Chancel, de son vrai nom Jacques Lacrampe, bien connu pour son émission *Le Grand Échiquier*, est né au pied de la montagne du Pibeste. Celle-ci s'élève à 1 349 mètres, et offre l'un des meilleurs points de vue sur nos belles montagnes. Le Mont Perdu, le Balaïtous, le Vignemale offrent de superbes panoramas eux aussi. Quand vous aurez atteint le sommet du Pibeste, je vous conseille de descendre par le chemin qui mène au village d'Agos-Vidalos.

Le village de Saint-Savin

Situé à 2 kilomètres d'Argelès-Gazost, en plein Lavedan, Saint-Savin conserve une superbe église abbatiale, c'est une merveille, elle est imposante, il faut la visiter. Né, semble-t-il, en Catalogne, Savin aurait passé quelques années dans le monastère de Ligugé, près de Poitiers, avant de rejoindre le Lavedan pour fonder ce qui deviendrait bientôt un riche monastère bénédictin. Lui-même quitta le monastère pour se faire ermite. Les reliques du saint sont conservées dans l'église, et son sarcophage tient lieu de maître-autel.

Depuis la terrasse, le point de vue sur la vallée est incomparable, les aigles majestueux vous frôlent. À proximité, sur les hauteurs, la chapelle Notre-Dame de Piétat offre un beau panorama sur Saint-Savin. Les femmes venaient prier ici Notre Dame de l'espérance dans l'espoir de guérir leur infertilité et de mettre au monde un enfant.

Le Val d'Azun

C'est l'une des sept vallées du Lavedan. Quel beau site authentique, et d'une clarté sur les hauteurs ! Le Balaïtous y culmine à 3 144 mètres. La chapelle dorée de Pouey-Laün, dans la commune d'Arrens-Marsous, est située sur l'un des chemins de Compostelle, la via Tolosane. La troisième semaine de juillet, est organisé un pèlerinage pour célébrer Sainte Anne, mère de Marie, la Sainte Vierge.

Luz-Saint-Sauveur

Au nord-ouest du village, deux cours d'eau, le Gave de Gavarnie (encore appelé Gave de Pau) et le Bastan se rejoignent. Tout autour, les paysages sont à vous couper le souffle. De ce village, on accède en un rien de temps aux sites les plus superbes de la région : Gavarnie, Cauterets, le Pont d'Espagne…

Que de surprises et de découvertes, pour les visiteurs comme pour les personnes du cru ! Luz a commencé à se développer à la suite des visites de Napoléon. On y trouve l'église des Templiers, que je vous invite à visiter, la station de ski de Luz Ardiden, le Pont Napoléon, le château Sainte-Marie. Quelques sentiers sont accessibles à tous. Ils traversent des sous-bois, de multiples villages perchés, des lacs d'altitude aux eaux calmes et dormantes… Avec un peu de courage, en allant à votre rythme, vous pourrez atteindre les sommets.

Quel plaisir au bout du chemin de pouvoir contempler les vues incroyables sur la région !

Cauterets

C'est la ville des curistes, qui viennent profiter de ses eaux chaudes aux multiples vertus. Perchée à 950 mètres d'altitude, elle s'entoure de plusieurs sites incontournables situés dans le Parc National des Pyrénées : le Pont d'Espagne, le lac de Gaube, le cirque du Lys.

À Cauterets, vous pourrez faire gratuitement de la balnéothérapie, dans les piscines chauffées en plein air. Vers le pont d'Espagne et le cirque du Lys vous ferez du ski, et si vous êtes un sportif confirmé amateur de descentes raides, vous vous rendrez à Touyarolles. La Raillère, à quelques centaines de mètres de Cauterets, offre une promenade mythique, passant par le gave de Marcadau, vous rencontrerez en chemin de multiples cascades jusqu'au Pont d'Espagne. Les courageux pourront poursuivre jusqu'au Lac Bleu, une merveille qui demande quatre heures de marche de plus.

Le Pont Napoléon

C'est un pont tout proche de Luz-Saint-Sauveur, qui enjambe le gave de Gavarnie à 65 mètres de hauteur. La porte d'Espagne n'est pas loin. Ce pont fut construit à l'initiative de Napoléon III entre 1859 et 1863, dans le cadre d'un grand projet de création de routes visant à désenclaver la région pour faciliter l'accès des curistes aux thermes. L'empereur a financé sa construction avec ses propres deniers. Cinquante-cinq maçons et trente-cinq gâcheurs s'attelèrent à l'édification de cet ouvrage long de 66 mètres, bâti dans la pierre de taille calcaire de Lourdes.

Gavarnie

Le cirque de Gavarnie culmine à 3 000 mètres d'altitude. Du village éponyme, situé 1 600 mètres plus bas, on y accède en une heure de marche. Le cirque est classé au Patrimoine mondial de l'Unesco, c'est la plus célèbre arène naturelle du monde. Il recèle l'une des plus hautes cascades d'Europe. L'hiver, elle est entièrement gelée, on voit des cristallins bleutés qui scintillent, c'est une merveille de la nature, qui attire un million de visiteurs par an.

Du village à la brèche de Roland, il faut compter deux à trois heures de marche. On descend de la brèche à Torla, en Espagne, en deux bonnes heures. Des siècles durant, les Espagnols de Torla ont fait le trajet jusqu'au grand marché de Lourdes, qui fut longtemps prisé. Ils venaient à pied bien sûr : cinq heures jusqu'à Gavarnie, puis 50 kilomètres de marche jusqu'à Lourdes ! Pas de routes, uniquement des sentiers souvent très étroits...

Gavarnie a longtemps regardé vers l'Espagne, plus que vers la France. Jadis, les habitants avaient des contacts avec les Espagnols de Torla, de San Nicolás de Bujaruelo, etc. De ce fait, ils parlaient espagnol et patois mais pas un mot de français. Lors d'une visite du sous-préfet, il avait fallu un interprète !

Je tenais cela de mon patron, M. Pierre Vergez, de l'Hôtel du Cirque de Gavarnie. Ce cher homme m'a appris quantité de choses ! Il n'avait pas d'enfants et m'avait pris en sympathie. Il avait découvert mon ignorance dans bien des domaines et voulait m'instruire. Il aurait même aimé m'adopter ! Vous me voyez quitter la Mamá ?! Tous les jours, en fin de soirée, durant deux bonnes heures, il me parlait des Pyrénées et du Sud-Ouest, il me montrait des photographies, me lisait des textes, me racontait des anecdotes, il m'a appris plein de choses sur les pics pyrénéens, la vie d'autrefois dans les montagnes, les rapports avec les frontaliers espagnols. Il m'a emmené à Torla, par la brèche de Roland pour me présenter à ses amis espagnols, un peu comme si j'étais son fils. Évidemment, j'ai été très apprécié par les Espagnols étant donné que je parlais parfaitement leur langue, et sans accent.

Tout cela se passait lorsque j'avais treize et quatorze ans, et que j'étais au travail durant quatre mois.

J'ai la prétention de croire que je connais très bien Gavarnie, peut-être plus que certains habitants d'aujourd'hui. Savez-vous ce qui se cache derrière cette montagne ? Un village espagnol au nom de Ainsa. J'y suis allé, bien plus tard, dès que j'ai acquis ma première voiture. Je vous conseille de visiter ce village.

En 1962, je suis retourné à Gavarnie pour voir M. Vergez. Je n'y étais pas allé depuis 1949. Mon cher monsieur s'est jeté dans mes bras avec une larme au coin de l'œil, il était très heureux de voir l'homme que j'étais devenu. M. Vergez était un homme très dur, autoritaire avec tous même avec les siens, mais avec moi il était différent, il était comme un père. Je lui ressemblais un peu d'ailleurs, j'avais comme lui le visage carré et les cheveux bruns, on aurait pu croire que j'étais son fils.

La Mongie

C'est une station de ski des Pyrénées. Elle forme le plus vaste domaine skiable des Pyrénées françaises, avec le Tourmalet et le village Barège. La Mongie est située en contrebas. Ses dizaines de kilomètres de pistes bleues et vertes font le bonheur des débutants.

Le Pic du Midi

Son observatoire est perché à 2 877 mètres d'altitude. On atteint le sommet en un quart d'heure en téléphérique. L'horizon à perte de vue constitue un spectacle enchanteur, on y voit la chaîne des Pyrénées s'étirer à l'infini.

L'observatoire attire les scientifiques du monde entier ; il comporte, sous la coupole, le plus haut planétarium d'Europe. Ici, la pureté de l'air et de la lumière est assurée. Depuis la terrasse panoramique vitrée, suspendue dans le vide, on contemple les 300 kilomètres de chaînes pyrénéennes.

Le soir, en été, on assiste à un phénomène étonnant : le soleil perdure alors qu'il a disparu de la plaine depuis un bon moment, comme s'il ne voulait pas nous quitter... Puis, petit à petit il décline, et ses rayons finissent par s'effacer. Un spectacle magique... donné par le ciel qui, conscient des beautés du lieu, a voulu que nous en conservions un souvenir impérissable.

Les Pyrénées françaises et espagnoles

Frontière naturelle entre la France et l'Espagne, les Pyrénées s'étendent sur 430 kilomètres d'est en ouest, entre le cap de Creus au bord de la Méditerranée et le cap Higer au sud de Saint-Jean-de-Luz. Le pic Aneto culmine à 3 404 mètres. Migrations, conquêtes guerrières, échanges commerciaux… : maintes raisons ont poussé les populations à franchir cette barrière des Pyrénées. Fondus aujourd'hui dans un même monde sans saveur, les frontaliers français et espagnols ont perdu leurs spécificités et leur originalité d'antan…

Au fait ! L'origine du nom Pyrénées reste assez énigmatique. Hérodote, géographe et historien grec du Ve siècle avant notre ère, aurait été le premier à l'employer. Plus précisément, il évoquait une « ville de Pyréné ». Pyrénées est composé à partir de « pyr » qui signifie « feu » en grec (voir « pyrotechnie » ou « pyromane »). Diodore de Sicile, historien grec du Ier siècle avant J.-C, explique qu'un immense incendie avait été allumé dans ces montagnes par les bergers. La chaîne de montagnes aurait été baptisée Pyrénées à cause de cet incendie.

Le nom et le château de Lourdes

Selon la légende, Lourdes a reçu son nom au temps de Charlemagne. À cette époque, la ville de Lourdes était assiégée par les Maures. L'évêque du Puy-en-Velay a proposé à Mirat, qui tenait le siège, de garder la ville à condition qu'il rende les armes à la Vierge, ce que Mirat accepta. En déposant les armes aux pieds de la Vierge noire du Puy, il décida de prendre le nom de Louerda, qui signifie « la rose » en arabe.

En 1360, pendant la guerre de Cent Ans, le château fort de Lourdes est tombé entre les mains des Anglais. La ville fut incendiée. Au début des années 1850, il était occupé par une garnison militaire. La ville n'était alors qu'une étape pour les curistes qui allaient se soigner dans les eaux de Barèges et de Cauterets, et pour ceux qui se rendaient à Gavarnie pour diverses raisons.

Séismes dans les Pyrénées

Quelques renseignements que j'ai tirés de mes diverses lectures… Les multiples séismes qui ont émaillé l'histoire des Hautes-Pyrénées ont une origine tectonique. La croûte terrestre est en effet morcelée en plusieurs plaques tectoniques flottant sur un magma visqueux ; ces plaques sont donc mobiles, ce qui engendre un fort risque sismique dans la région, pouvant causer des dommages considérables. Haroun Tazieff se montrait très inquiet pour nos Pyrénées. La terre tremble ici régulièrement, plusieurs fois par an, et d'importants séismes se sont déjà produits dans la région.

Le 21 juin 1660, elle a été en proie à de violentes secousses qui se sont répétées trois semaines durant. De nombreux villages de la Bigorre ont subi des dégâts considérables, notamment Lourdes, et on a dénombré une trentaine de victimes. Le tremblement de terre a été ressenti jusqu'en Vendée.

D'une intensité épicentrale estimée entre 8 et 9 sur l'échelle MSK, ce séisme est plus le violent qu'aient connu les Pyrénées. Trois autres à peine moins forts se sont produits, le 5 juillet 1627, le 24 mai 1750, et le 20 juillet 1854.

L'église Saint-Pierre de Lourdes

Peu après le séisme de 1854, le sol de l'église Saint-Pierre, où fut baptisée Bernadette Soubirous, s'est effondré. Une nouvelle église fut érigée entre 1875 et 1903, abritant les fonts baptismaux de la sainte. Tous les Lourdais se font depuis baptiser ici. Moi-même je fus baptisé dans cette église. C'est Monseigneur Peyramale qui a voulu l'édifier. Il souhaitait une très grande église pour recevoir les pèlerins après qu'ils s'étaient rendus dans la grotte. Une procession se tient actuellement dans la prairie près de la grotte des Apparitions, Monseigneur Peyramale ne l'avait pas prévue. Malade, trop tôt décédé, il avait conçu de beaux projets qui n'ont pas été respectés. L'abbé Bordes a pris les rênes et a tout chamboulé, allant contre toutes les merveilleuses idées de Monseigneur Peyramale.

Est-ce que Bernadette est morte de chagrin, dans le couvent Saint-Gildard de Nevers ? Je ne sais pas, je m'interroge.

Elle fut inhumée à Nevers, pourtant il aurait été plus respectueux de rapporter son corps à Lourdes, car Bernadette était très proche de sa famille.

Elle disait à ses parents qu'ils ne devaient pas devenir riches, que, même dans le besoin, il fallait qu'ils refusent l'aumône. Un jour, son frère est arrivé à la maison, essoufflé et tout heureux, une pièce dans la main. Bernadette lui a administré une gifle, et en a eu mal au cœur.

À propos du séisme

Quelques lignes plus haut, je parlais du séisme survenu le 21 juin 1660. Louis XIV et Marie Thérèse d'Autriche s'étaient mariés en Espagne le 9 juin, avant de repartir en France. Après avoir quitté Saint-Jean-de-Luz, ils ont ressenti de fortes secousses. Entre Saint-Justin dans les Landes et Captieux, où a logé une partie de la famille, la demoiselle de Montpensier a été soudainement réveillée par un formidable bruit à la suite duquel son chirurgien lui a crié : « Sauvez-vous ! » La maison est tombée. Une parenthèse parmi tant autres…

Une anecdote : Choupinet et Candélé

Pour la petite histoire, entre 1850 et 1900, Lourdes était un gros village de quatre mille âmes. Il comptait, et c'était bien suffisant, deux employés municipaux. Les deux hommes étaient de bons vivants aimant lever le coude à l'occasion. L'un avait la responsabilité des réverbères. À l'époque, les rues n'étaient pas encore éclairées électriquement. Elles étaient équipées de *candéllés*, « chandeliers », que le préposé allumait le soir. On le surnommait Candélé. L'homme était aussi chargé de donner l'heure la nuit. Il criait : « Il est onze heures ! », « Il est une heure ! », et ainsi de suite jusqu'au lever du jour. Il donnait aussi un coup de main à son copain chargé de balayer la chaussée. Ils buvaient tous les deux à la chopine plus souvent qu'à leur tour et c'est ainsi qu'ils furent baptisés Choupinet et Candélé.

Notre-Dame de Garaison

Nos parents nous disaient, à mes frères et sœurs et à moi : « Si vous enfreignez les règles, vous finirez comme les frères Pirez et Ribeiro. L'un d'eux est devenu prêtre, si vous voulez devenir prêtres vous aussi, c'est la route de Notre-Dame de Garaison qui vous attend ! » Ces mots faisaient peur aux enfants de la région. En effet, en 1515, à Garaison, la Vierge Marie est apparue trois fois à une jeune bergère âgée de douze ans. Plusieurs apparitions ont suivi, et à la suite de miracles, Notre-Dame-de-Garaison est devenu un lieu de pèlerinage, jusqu'aux apparitions à Lourdes. Certains parents ont envoyé leurs enfants dans l'internat très dur de Notre-Dame-de-Garaison. Les enfants ne voulaient pas y aller !

Avec mon frère, nous avons regretté de ne pas avoir été inscrits là-bas. Plutôt que subir ce que nous avons subi, nous aurions été instruits et bien heureux de l'être. Mon frère me disait :

— Toi, José, avec ta détermination tu aurais réussi d'une façon inimaginable !

Il est vrai que dès l'âge de douze ans, je disais :

— Quand je serai grand, je serai patron !

Je le pensais vraiment et le voulais de toutes mes forces.

Notre-Dame-de-Garaison est toujours un établissement scolaire catholique, et aussi un sanctuaire marial.

Apparition à Béttharam

Le sanctuaire de Béttharam a vu le jour au XVe siècle lors de l'apparition de la Vierge à des bergers au bord du gave. La chapelle actuelle a été bâtie au XVIIe siècle. En 1845, le curé de Garaison, Michel Garicoits, est devenu supérieur du couvent de Béttharam. Il a reçu les confidences de Bernadette qui fréquentait le sanctuaire. Elle lui a confié avoir vu la Vierge à Lourdes : Michel Garicoits fut le seul à la croire immédiatement.

Poème des Quatre saisons[2]

Le Printemps

Le printemps et sa luminosité attirent aux tout premiers jours du mois de mai de nombreux promeneurs venus se ressourcer dans nos Pyrénées. Au pas, d'un bon train ils découvrent des vues qui s'élargissent à mesure qu'ils approchent des sommets.

Des chemins escarpés se trouvent dans un état désolant : vestiges d'un âpre hiver ayant malmené le paysage. Mais par bonheur, tout autour, la beauté s'éveille. Tel un rescapé, surgit un décor superbe révélant des formes somptueuses. Quel enchantement pour les yeux ! Dieu a rendu à la montagne sa beauté. En mille lieux, la nature reprend ses droits. La forêt, bien que défeuillée, semble s'ouvrir à vous et vous sourire, comme si l'approche de l'été à elle aussi faisait plaisir. Elle vous ravira d'autant plus que vous vous soumettrez à ses lois. Rendez-lui hommage en respectant ces sous-bois qui vous comblent de joie.

Quoi de plus agréable que de vous prélasser sous un pavé de lierre rampant ? D'humer les parfums de la fin mai, qui, changeant chaque année, annoncent toujours l'été ? Laissez-vous conduire par la nature, ouvrez à elle vos sens, comme nous le faisons naturellement, nous, Pyrénéens.

---

[2] J'ai écrit ce poème après avoir lu *Pyrénées, moisson de rêves*, superbe livre de Régis Faustin.

L'Été

C'est la saison qui m'attire le plus, ce n'est pas étonnant, je suis né au mois d'août, par une chaude journée de 36 °C. Un bon départ pour un nouveau-né ! Alors, la chaleur me convient bien sûr, le soleil est mon soutien. En haute montagne j'ai dressé un coin de ma vie, dans cet espace je gagne à me ressourcer, et malgré mon âge avancé, je m'y sens ragaillardi, laissant présager des moments enhardis.

Au cœur de l'été, vous verrez comme moi la terre altérée reverdir et s'iriser de parterres de fleurs, malgré les blessures causées par la chaleur corrosive de la brûlante saison. Arrêtez-vous un instant pour écouter les bruits de la nature, goûtez aux myrtilles tapissant les clairières, observez la végétation – ces feuilles recroquevillées au sol, formant un paillage épais. Dans la fraîche soirée et la nuit étoilée, restez éveillés, si le ciel est clément, profitez-en pour vous reposer là. Restez attentifs…

Quelle magie, n'est-ce pas ? Dans l'intimité pyrénéenne, les soucis se dissipent, le cœur se retrempe et le sang se régénère dans les veines.

L'Automne

L'automne humide et ses tempêtes répétées ébranlent le paysage. Plus rien ne se discerne, hors des feuilles et branches aux teintes maladives. C'est le chagrin des hommes. Ils peuvent marcher cependant, car, bien que balayés par les vents, les chemins ridant les vallons restent décents. Çà et là, dans un sursaut d'orgueil, le soleil darde des rayons vieillissants sur les vastes estives enveloppées d'écueils. Hélas ! La mort déjà s'abat par endroits, attristant les cœurs. La nature s'accroche à ses oripeaux. Elle n'est pas tout à fait nue encore. Il reste les arbres debout pleurant leurs dernières feuilles au souffle des derniers vents.

Venez voir nos clairières avant qu'elles ne succombent à l'hiver. Il se peut qu'elles vous offrent un cadeau, cela se produit parfois en cette maussade saison. Vous serez peut-être surpris à la vue d'un groupe d'isards ; et voilà qu'un bouc et une femelle se détachent et se congratulent unis dans l'effort ! Tout se passe là sous vos yeux, et quelques secondes ont suffi pour créer un éterlou ou une éterle ou bien même les deux. Revenez dans cinq mois, vous verrez le petit peu après la naissance tanguer sur ses quatre pattes et très vite se mettre debout, il ira cahin-caha et bientôt rejoindra d'autres cabris… Alors il s'en ira gambader, prêt à courir le pays avec ses pairs pour le restant de sa vie.

L'hiver arrive, revenons au présent… Joies passées, images du futur, non, comme on dit par ici, « ramène-moi au réel ». L'égarement jour et nuit me mine.

L'Hiver

La première neige est tombée sur les hauteurs. Les anges n'ont pas le privilège de la blancheur immaculée. Du fond des ravins à l'horizon, un beau florilège se dessine. Le vent s'essouffle, les ruisseaux sont paisibles et commencent à geler : c'est que l'hiver s'impose. Les givres en cette saison se parent de couleurs, quel spectacle ! À lui seul, il est une raison de vivre. Mais maintenant le soleil se couche tôt, bien trop tôt. À peine goûte-t-on à ces vues que la nuit nous en prive, nous laissant rongés par l'amertume. Chez nous, à partir de six cents mètres d'altitude, les montagnes se couvrent intégralement de neige. Plus bas, bien que mince, le tapis de neige fraîche ne disparaît pas, le vent glacial en est la raison.

Je porte les quatre saisons des Pyrénées dans mon cœur. Quel ingrat j'aurais fait si, après sept décennies passées à arpenter ces monts merveilleux, je n'en avais parlé. J'ai longtemps attendu pour les écrire, vrai, car je désirais avant tout les vivre. Dieu veuille me prêter encore quelques printemps pour laisser mon émotion les mettre en mots.

Notre Pic du Jer

J'ai arpenté le Pic du Jer régulièrement, excepté les jours de pluie, de neige et de grand froid, entre 1958 à 1970. J'ai arrêté pour me lancer dans le ski de fond, la randonnée, la musculation et enfin, le vélo.

Mon Pic du Jer !
Ah ! Cette montagne ! L'émotion qu'elle me procure !
Aussi belle que pure, je vous le dis avec certitude, là-bas tout est plénitude.
Lorsque j'y vais, c'est pour m'imprégner d'elle, j'y suis chez moi, rien ne peut la remplacer, j'en suis comblé.
Oh ! Mon Pic du Jer !
Chez toi comme nulle part ailleurs, tu régénères mon cœur avec un sentiment d'orgueil. C'est une vie pleine d'écueils. Là-bas, là-haut, ce que je ressens est étrange, j'ai l'impression d'entrer dans une danse avec les anges, et je valse je valse avec allégresse, tu berces agréablement ma vie, jamais tu ne me laisses en détresse.
Ce Pic du Jer, plus que tout autre lieu, me procure maints bienfaits. Bien qu'il pleuve et vente, je n'ai aucune envie de me démettre et ne ressens aucun mal-être.
J'ai de la chance de vivre à ses côtés, la montagne me donne et répond à tous mes désirs, c'est pourquoi je ne veux et ne pourrai m'en dessaisir.
Nul ne peut comme moi tomber en arrêt devant, en effet je suis né au pied même du Pic du Jer, je vous en

conjure, n'en soyez pas jaloux, à chaque ascension je crois découvrir le Pérou. C'est une sinécure qui perdure.

Dans cet endroit, sur ces falaises, je passe de nombreux jours, comme ensorcelé, je me tiens hors de tout discours.

Il m'est arrivé après une journée de labeur, fort tard dans la soirée, d'aller y prendre un bol d'air – quel bonheur. Je songe à mes jeux d'enfant, dans le pré de monsieur Cazamoutou, nous nous amusions comme des fous à nous mesurer aux jeux des grands. Seul dans mon Pic du Jer je me ressource, je vagabonde, j'erre dans les vents, je le vis en bon enfant.

Avec les estives, il revêt les couleurs de l'été vrai, c'est en amont que je suis heureux, alors qu'en aval je baisse d'un ton et me sens malheureux.

Novembre tire à sa fin, l'hiver ! Un doux paysage blanc, dans ses chemins, la dernière neige balayée par des vents qui font tournoyer les quelques remous restants, tous sont écumes agitées, disparaissant.

Voilà que revient le printemps, avec ses chemins aux ornières creusées par le temps pris dans son élan pour enfin disparaître dans un souffle errant.

Ainsi va le cours de la vie en attendant le retour du beau temps et de ses parfums, comme chaque an.

Mon Pic du Jer !

Il n'est pas qu'un symbole que l'on peint sur toile. Et comme l'on dit ici, esclaves d'éphémères envies, revenez vers jadis.

Mon Pic de Jer !

Je n'en ai jamais assez et pourtant, je le sais, il faudra bien que cela s'arrête. Comment transmettre tout ton être ? Viendra un jour où tout – hélas ! – sera pour moi terminé, telle est ma destinée.

Veuillez s'il vous plaît sans tapage lire ces pages, mais ne les mouillez pas, vous comprendrez enfin mon message.

Il est vrai, dans mon Pic du Jer, mes cendres seront dispersées par les forts vents, elles raconteront :

« Ci-gît José dans sa montagne tant aimée. »

En effet, mes cendres seront dispersées sur la droite de la croix du Pic du Jer, à 30 ou 50 mètres, regard sur la Cité Mariale.

*Bien heureux ceux qui,
risquant leur vie continuellement,
se trouvant toujours prêts à mourir,
pourront revivre éternellement
là où la mort n'existe pas.*

Sommaire

I. Les immigrés ayant souffert au labeur, et leurs enfants   9

II. Promenade et anecdotes   71